PROCES-VERBAL

Du Convoi Funèbre fait aux Cayes, à la mort de l'Illustre Alexandre PÉTION, President d'Hayti, avec les Éloges offerts à ses obsèques.

Un grand évenement a jeté dans la consternation tous les haïtiens, Aléxandre PÉTION a payé le tribut dû à la nature, le 29 mars, (dans la ville du Port-au-Prince, siége du Gouvernement) cette nouvelle reçue officiellement, le Général, Commandant l'Arrondissement, a fait toutes les dispositions convenables pour rendre les derniers devoirs à la mémoire d'un Chef qui fut compté parmi ce petit nombre d'élus entourés de l'amour des peuples, et dont les noms sont consacrés au temple de mémoire.

Le 3 Avril fut fixé pour cette cérémonie auguste, qui exprima la perte qu'Hayti et l'humanité venaient de faire.

La veille, une canonnade continue et prolongée venait tous les dix minutes rappeler aux haytiens, la cause de leur douleur.

Un Programme annonça l'ordre de la marche, qui fut ainsi distribué :

1. Un peloton de cavalerie précédé d'une trompette ouvrit la marche commandé par un capitaine.

2. Deux pièces de campagne avec leur attiraille.

3. Deux pelotons de grenadiers, l'un de garde-nationale, l'autre de ligne; précédés des tambours et suivis de la musique.

4. Un groupe de jeunes Demoiselles, vêtues en blanc, portant des corbeilles et jetant des fleurs.

5. Le Catafalque. Le Doyen du Tribunal d'Appel, à droite, un officier supérieur à gauche sur l'à vant, l'Administrateur sur la gauche, un autre officier supérieur sur la droite en arrière; tous quatre tenant les rubans. Auprès du Catafalque, des torches portées par des militaires.

6. La Jeunesse.

7. Le Cheval de bataille avec les attributs triomphales, conduit par un guide.

8. Un peloton d'Invalides.

9. Le Général, Commandant l'Arrondissement, marchant seul.

10 Les Officiers supérieurs.

11. Ceux de tous grades de l'Etat-major général.

12. Le Corps Judiciaire.

13. Celui administratif.

14. Celui de la Culture.

15 Celui du Commerce.

16. Un peloton de cavalerie ferma la marche.

17 La garde-nationale et les troupes de ligne, formèrent la haie.

A quatre heures de l'après-midi, tout fut disposé et le signal donné

Le Convoi partit du Gouvernement, dans l'ordre établi, passa par la rue de la Convention, traversa celle du Parapet pour se rendre à l'Eglise, à chaque pause, un concert dont la triste harmonie peignait nos regrets, venait frapper les oreilles et faisait passer dans l'âme une douloureuse sensation.

Une population immense suivait le Cortège, avec l'air morne qu'occasionne une profonde douleur, et ce silence n'était interrompu que par des gémissemens

Le monument funèbre, représentait un mausolée surmonté d'un Dais majestueux, aux quatre angles de la somité étaient attachés des panaches blancs, réhaussés d'un noir, emblêmes de la candeur de l'âme du héros. Les colonnades formaient des trophées a sa gloire et paraissaient ombragés, par des branches de cyprès. On

(3)

voyait suspendu aux quatre faces de ce monument des couronnes civiques, et on lisait ces quatre inscriptions :

Devant : *A l'Immortalité.* Derrière : *A la Postérité.* Du côté droit : *La Vertu fut son partage.* Du côté gauche : *Il emporte nos regrets.* Arrivé, dans cet ordre, sous l'Arbre de la Liberté, le Cortège s'arrêta et le Général monta sur l'hôtel de la Patrie, où il prononça ce Discours :

"MES AMIS, faisons halte ! consacrons un moment à la déesse
„ de la Liberté ; implorons sa divine protection ; et que nos larmes
„ répandues à ses pieds, par l'amertume de nos regrets, lui soient
„ agréables !

„ O souvenir cher et cruel ! c'est ici que dans toute l'effusion
„ de son cœur, notre Père chéri nous jurait cette fidélité que
„ son amour pour la Patrie n'a jamais démenti ! C'est sous cet
„ Arbre révéré qu'*Alexandre Pétion* recevait les assurances de notre
„ attachement à sa personne, et de notre respect pour la Constitution
„ et pour les Lois de la République ! C'est en ce lieu, plein de
„ son souvenir, qu'armé pour la défense de la Liberté et de l'In-
„ dépendance de son pays, il t'invoquait, Dieu des combats ! et
„ couvert de ton égide, enflammé du génie que ce lieu inspire, la
„ conquête de nos droits assurés par sa vaillance, nous montre com-
„ bien tu fus propice à ses vœux.

„ Citoyens, la République a vu descendre dans la tombe son plus
„ ferme soutien ! ! ! Soldats, vous pleurez le meilleur des pères ! ! !
„ Que sa mémoire soit à jamais éternisée parmi nous ! Ses grandes
„ actions, ses vertus civiques, lui consacrèrent le titre de *Père*
„ *de la Patrie* qu'il a aussi justement mérité.

„ Rallions-nous tous autour de sa tombe ; et là, dans un pieux
„ recueillement, renouvelons-lui nos sermens de respecter la Cons-
„ titution, de vivre dans l'union la plus fraternelle, et de défendre
„ notre chère Patrie jusqu'au dernier soupir !

Après ce premier hommage rendu, la marche continua jusqu'au temple du culte, où on entendit le sacrifice divin dans le plus grand recueillement. Un Député au corps législatif s'est annoncé et a prononcé l'Éloge funèbre suivant :

(4)

« QUELS bruits affreux viennent frapper mes oreilles ! Ces cris
,, lamentables font tressaillir mes sens ! Qu'entends-je ? Grand Dieu !
,, le Président d'Haïti est mort ! ! !

,, La destinée de tout ce qui excelle parmi les hommes, est de croî-
,, tre lentement, de se soutenir avec peine pendant quelques momens,
,, et de tomber bientôt avec rapidité.

,, La voix que nous nous plaisions à entendre dans le sanctu-
,, aire de la liberté, s'est éteinte, et Haïti couverte de deuil,
,, tout éplorée de ce coup imprévu, ne s'occupe qu'à le regretter.

,, Compagnon de ses travaux, j'ai vu, j'ai connu de plus près,
,, dans cet illustre personnage, ce fonds de droiture, de candeur
,, et de zèle, ce civisme épuré qui paraissait tellement né en lui,
,, qu'on eût dit qu'il était vertueux moins par choix que par une
,, heureuse nécessité. Je les ai connues ces inclinations bienfaisan-
,, tes, ce caractère de sincérité que la nature avait gravé sur
,, son front, comme une vive image de celui de son âme.

,, La mort, précieuse à son Créateur, est pour nous un sujet
,, de deuil. Je considère la perte du Président d'Haïti comme une
,, calamité publique. C'est au moment qu'il commençait à jouir du
,, fruit de ses sublimes travaux, qu'il nous est enlevé. . . . A
,, peine a-t-il vu s'affermir les fondemens précieux de l'édifice
,, qu'il a courageusement élevé sur les colonnes de la Liberté et de
,, l'Indépendance, fortifié par l'encens de son patriotisme, que nous
,, sommes privés de cet habile architecte !

,, Sa vie n'a pas besoin de l'art du panégyriste pour exciter le désir
,, de l'imiter : un bref récit de ses qualités sera plus analogue, à
,, cette modestie à cette simplicité dont il ne s'est jamais départi.

,, Je n'espère point embellir la vertu elle est trop au-dessus des
,, ornemens frivoles de l'esprit ; mais je lui rendrai hommage, je
,, la présenterai dans sa majestueuse simplicité, j'intéresserai du moins
,, par l'utilité, puisque ce tableau fidèle de la droiture de son cœur
,, de la noblesse de ses sentimens, de la pureté de ses mœurs, nous
,, rappellera à nos devoirs, à l'amour sincère dela Patrie. . . . O
,, mes chers concitoyens ! daignez me donner un moment d'atten-
,, tion l'éloge que je vais faire d'un vrai Haïtien, est la leçon

,, du monde.

,, Les premiers ans, l'aurore d'une si belle vie dût, sans doute,
,, égaler la beauté de son déclin. Vous ses amis, qui goutiez plus par-
,, ticulièrement les douceurs de son amitié, qui sondiez les replis de
,, son cœur, qui étiez dépositaires de ses secrets, que ne m'est-il
,, permis de renouveler ici, par vos plaintes et l'amertume de vos
,, regrets, les témoignages solennels de votre attachement pour lui
,, ces tendres épanchemens de vos cœurs orneraient bien mieux la
,, tombe de notre bien-aimé Président, que les faibles expressions
,, que je consacre à sa mémoire.

,, Mais, ô destin de l'humanité, ce qu'elle a de plus parfait doit
,, avoir son terme ; et ces âmes si rares ne peuvent sauver de la
,, destruction cet argile périssable qu'elle anime, et qu'elles hono-
,, rent ! A peine dans l'été de son âge, après un cours de quarante
,, huit ans, consommé dans la défense des droits de ses concitoyens,
,, et de l'émancipation de son pays, il finit son illustre carrière.

,, Déjà, la douleur l'assaillit de toutes parts, et son âme n'habite
,, plus que parmi des ruines. La mort, nécessaire au juste, a ter-
,, miné la vie la plus glorieuse aux yeux de l'univers : il la voit s'ap-
,, procher sans regretter le monde, où il avait joui de la considération
,, générale ; son air n'en est point altéré ; il ne pousse aucune plain-
,, te ; il cache même à ses amis, à ses compagnons d'armes, ses
,, pressentimens. Humilié devant l'Etre Suprême, il attend tout
,, de sa clémence ; et dépouillée de son enveloppe mondaine, son
,, âme s'envole, et va prendre place dans le lieu destiné pour re-
,, cevoir celles qui, comme la sienne, n'ont pas cessé un instant,
,, dans ce monde, de pratiquer les vertus que la morale éternelle
,, nous enseigne.

,, Il n'est donc plus, cet ami vertueux, ce citoyen du premier
,, ordre, ce modèle des Whaginston, des Guillaume Tell, qui
,, toujours prudent, modéré, exempt de passions, et ne se servant
,, de l'autorité, que l'amour et la confiance de ses concitoyens la
,, déférèrent à vie, que pour maintenir l'union et la paix dans lui
,, famille haïenne, que pour affermir cette Égalité qui, toute sa
,, vie, fut l'unique objet de ses vœux ! . . .

,, Qui, plus qu'ALEXANDRE PÉTION, connaissait le fond du
,, cœur des Haïtiens ? Qui mieux que lui avait l'art de concilier
,, leurs différens ? Sa bouche persuasive, l'hilarité de sa figure,
,, gagnaient tous les cœurs, com- mandaient à toutes les afflicti-
,, ons: il ne fallait que l'entendre pour faire disparaître toutes les
,, animosités : le pauvre comme le riche, le chef comme le sol-
,, dat, l'étranger comme le citoyen, tous également trouvaient au-
,, près de lui un facile accès, le même accueil, la même justice.

,, Quels regrets n'a-t-il pas laissé ,non pas à ses amis, car
,, il était celui de tous, mais à ses compagnons d'armes, à ces bra-
,, ves militaires, ses dignes émules et les soutiens de la gloire ha-
,, ïtienne, toujours dociles à sa voix, et dont la sagesse savait si
,, à-propos contenir ou exciter la valeur dans les momens les plus
,, périlleux! Le Nestor d'Haïti, il était aussi la lumière, le con-
,, seil et le modèle du peuple, et sur-tout de l'armée dont il fut
,, le restaurateur. Ses éminentes qualité ne périront jamais elles sont
,, immortelles comme son nom qui est gravé dans le cœur de
,, tous les amis de la Liberté. Son ombre gouvernera long-temps
,, Haïti; les ressorts de l'administration conserveront, par la force
,, de l'habitude, l'action régulière et énergique qu'il leur a imprimée.
,, Les fortunes de tous les citoyens seront respectées et garanties ; et
,, celui que la loi appelle à le remplacer, s'enveloppera du manteau
,, du sage sous lequel il présidait à notre bonheur.

,, Oui, il vit encore et vivra toujours dans cette République dont
,, il est le fondateur, par le souvenir de ses vertu, par le tissu
,, d'actions toujours consacrées à la splendeur et à la sécurité de
,, la patrie, par le partage des biens domaniaux, les concessions,
,, les dons partiels des terres, notre Constitution, nos Lois, nos
,, richesses, nos arsenaux, nos braves armées, et plus encore par
,, cette touchante exhortation qu'il nous fait dans ses dernières pa-
,, roles : *Je vous recommande le respect au régime constitutionnel,*
,. *l'union fraternelle, et le plus entier dévoûment à la Patrie.*

, Tous ceux qui meurent sont honorés par des larmes: l'ami
,, est pleuré par son ami, l'époux par son épouse, le père de
,, famille par ses enfans, et l'apôtre de la Liberté est honoré du

„ genre humain. Mais tristes et inutiles honneurs que nous rendons
„ à la mémoire, si nous ne cherchons, dans l'accomplissement de
„ nos devoirs, la seule consolation qui conviendra à notre douleur.

Après un intervalle qui fut occupé par la musique, le Citoyen Hérard Dumesle parla ainsi.

„ Mes chers Compatriotes,

„ Heureux celui qui, en s'approchant du tombeau d'un grand
„ Homme, éprouve ce sentiment profond qu'inspire l'idée des bien-
„ faits et de la gloire ! Heureux le panégiriste qui, dans le re-
„ cueillement de la douleur, peut adresser ces paroles aux ob-
„ sèques qu'il honore : La basse adulation n'a jamais souillé ni mes
„ lèvres, ni ma plume durant ta vie, et l'encens que je viens
„ brûler sur ton cercueil est aussi pur que ton ame.
„ Avant d'offrir à la mémoire du Président d'Hayti, le tribut
„ d'éloges et de regrets que nous venons lui payer ici, tournons nos
„ regards vers cet Arbre sacré, dont les rameaux ombragent les
„ tombeaux des Défenseurs de la Liberté. Arrêtons-les sur cet
„ autel dédié à la Patrie, sur tous ces objets qui présentent à
„ l'imagination l'idée d'un panthéon, aussi majestueux que la na-
„ ture, et, en le rapportant dans ce sanctuaire consacré au Dieu
„ de l'univers, nous nous sentirons pénétrés d'une émotion salutai-
„ re, qui élévera nos âmes au niveau de celle de ce mortel révéré,
„ par l'enthousiasme de la vertu dont elle les embrasa !
„ Il n'est plus, celui qui mérita le titre du père de la Patrie !
„ celui, à qui l'antiquité eut élevé des autes et auquel la posté-
„ rité confirmera le titre de grand, que ses contemporains lui ont
„ donné. Aléxandre Pétion n'est plus.... et le génie d'Hayti,
„ couvert d'un crêpe funèbre semble le redemander au destin.
„ Ah ! si celui qui s'est, pour ainsi dire, élève au-dessus de
„ l'espèce humaine, est reclamé par les hommes de toutes les
„ contrées et de toutes les nations, comme leur compatriote ; s'ils
„ savent communiquer ce feu électrique de l'humanité, qui fran-
„ chit les bornes des empires, pour se faire sentir aux deux
„ extrémités du monde, Alexandre Petion joindra, à nos regrets,

(8)

,, ceux de l'univers. Le philantrope, le héros bienfaiteur de l'hu-
,, manité, le législateur qui consacre ses veilles à chercher les
,, vraies sources de la félicité publique, le politique humain, le
,, magistrat intègre, tous sentiront couler leurs larmes au récit
,, de ses vertus et de sa gloire ; ils brigueront l'honneur d'imiter
,, un homme qui les rassemblait tous à un dégré si éminent, et
,, regretteront que le ciel les ait fait naître loin du théâtre où
,, s'exerçait sa vertueuse munificence, et de n'avoir pu participer
,, au bonheur de vivre sous la douce influence de son Gouverne-
,, ment. Qu'ils prendront plaisir à associer son nom à ceux des
,, Marc-Aureles et des Titus, et à penser qu'il est un coin de
,, terre où ses vertus qui ne nous paraissent plus que dans le
,, lointain couvert du voile de l'allégorie, qu'il est un coin de la
,, terre, dis-je, où Pétion les faisait revivre, et ils se diront, agités
,, par la vive émotion qui nous oppresse en ce moment : Mortel
,, bienfaisant, que ton nom gravé dans tous les cœurs, par le bu-
,, rin de la reconnaissance, vole à l'immortalité !

,, Je ne vous ferai pas, mes compatriotes, le tableau de toutes
,, les belles actions dont sa vie fut remplie, et qui ont illustré
,, son Gouvernement ; j'abandonne ces grands traits au pinceau de
,, l'histoire, et je me borne uniquement à vous offrir une lé-
,, gère esquisse de quelques circonstances, dont, en sanglottant, nous
,, aimons à nous rappeler, tant il est vrai, que dans l'épanchement
,, de la douleur, le cœur est soulagé de pouvoir verser des larmes.

,, Aléxandre Pétion, dès l'aurore de la révolution, montra ce
,, caractère incorruptible qui présagea ses hautes detinées ; toujours
,, calme et réflechi, il n'était pas soumis à l'effervessence des passions
,, qui rendent les grands hommes si souvent au-dessous d'eux-mêmes,
,, en leur faisant payer des tributs honteux aux faiblesses humaines
,, Il se lança dans la carrière militaire, où sa bravoure et ses talens
,, lui ouvrirent le chemin des honneurs. Après avoir parcouru plu-
,, sieurs grades, il devint Adjudant-Général : c'est alors qu'il se
,, couvrit de gloire, et que le déplorable siège de Jacmel prouva
,, ses grands talens, sa magnanimité et sa valeur. Mânes des
,, guerriers, compagnons de sa gloire, valeureux Ogé, vous sem-

,, blez avoir quitté , pour un instant , l'empire de la mort ; vos
,, froides cendres semblent se ranimer et tressaillir au sein de
,, vos tombeaux , à ce récit des actions glorieuses , auxquelles
,, se rattachent vos noms ! ! ! Mais écartons des idées qui nous
,, rappellent nos dissentions passées et les plaies de la Patrie. . .
,, Nous ne suivrons pas Aléxandre Pétien en Europe , où les
,, malheurs de sa patrie le forcèrent de se retirer. C'est sous
,, ce ciel heureux , que nous aimons à voir ce héros déjouer
,, l'affreuse politique européenne , gravissant ces montagnes innac-
,, cessibles , où s'était refugiée la liberté , cette idole chére ,
,, alors , proscrite dans nos cités. C'est dans cette lutte glorieuse
,, que nous aimons à le contempler , soit au conseil , soit à l'armée :
,, toujours sublime dans ses actions et persuasif dans ses discours ,
,, ayant la plus grande part aux victoires qui nous procurèrent cette
,, Indépendance , qu'il a si bien affermie dans la suite.
,, Ombre révérée , permets-moi de t'intérroger. . . eh pourquoi ? ne
,, sais-je pas que tu dédegnais des lauriers ensenglantés , que la
,, conquête des cœurs était les seuls triomphes dignes de toi ! mais
,, pouvons-nous écarter les souvenirs qui nous réprésentent ces
,, cruels étrangers qui venaient sur nos rives porter la désolati-
,, on et la servitude ; fuyant devant nos phalanges victorieuses , et a-
,, bandonnant des contrées qui n'étaient pas faites pour eux ? Sans
,, doute , de semblables triomphes ont dû moins flétrir ton cœur ,
,, que ceux que tu remportais dans nos discordes civiles ; car ,
,, alors , tu voyais couler le sang précieux de la patrie , et ta
,, sollicitude paternelle ne pouvait l'étancher ! ! !
,, C'est ici l'époque la plus glorieuse de sa vie ; et pour y arriver, je
,, franchis un intervalle immense , qui ne fut compté que par
,, ses trophées militaires et ses actions généreuses. Aléxandre Pé-
,, tien élu Président d'Hayti par le vœu unanime du peuple que
,, le sénat s'empressa de consacrer , le premier usage qu'il fit de
,, son autorité fut de ranimer nos institutions qu'il avait concouru
,, à former , et de leur donner cet essor qui leur a imprimé
,, un caractère de stabilité qui sera l'objet de l'admiration des
,, siècles futurs ; il était , durant sa présidence , qui n'eut de terme

„ que celui de sa vie. Sans cesse occupé à ancrer le vaisseau de
„ l'état au port de la constitution, à faire jouir au peuple de la
„ plénitude de ses droits, à rappeller nos concitoyens des climats
„ de l'europe, où ils vivaient comme exilés de leur terre natale;
„ à restaurer la morale et l'éducation publique : enfin c'est quand
„ toute espèce de gloire semblait se réunir pour couronner ses
„ travaux et que la renommée annonçait au monde que l'apôtre
„ de l'humanité, son défenseur et son héros, venait de paraître sur
„ notre horison, qu'il disparaît au milieu de nous ! ! !

„ O toi ! qui est ravi à notre amour et à nos vœux, mais
„ dont l'âme sublime s'est élevée vers cette essence divine dont elle
„ émane, du sein de l'immortalité, daigne encore fixer tes re-
„ gards sur nous. Couvre-nous de tes aîles protectrices. Eclaire
„ celui que tu as désigné pour nous conduire. Inspire-lui cet amour
„ de la Patrie qui embrâsa ton cœur pendant toute sa vie. Fais
„ que, comme toi, toute ta sollicitude ne tende qu'au bonheur du
„ peuple, sans lequel ceux qui le gouvernent n'en peuvent goûter
„ de véritable. Fais fructifier, sur cette terre chérie, tes vertus,
„ afin que le voyageur qui y abordera (quand la génération qui
„ succèdera à celle-ci sera remplacée par une autre), dise, en voyant
„ les heureux effets de tes exemples : Ici vivait ce bienfaiteur de
„ l'humanité; ces lois qui font le bonheur et la grandeur de cette nation
„ ne sont dûes qu'à son génie.

„ Vous, Pères et Mères de famille, vieillards, et vous, tendre
„ jeunesse, l'amour et l'espoir de la Patrie, n'oubliez jamais que
„ votre félicité présente et celle dont vous jouirez à l'avenir, est
„ son ouvrage, qu'il a tout préparé pour le rendre éternel, que vos
„ enfans, dès le berceau, apprennent à bégayer son nom, et que
„ le récit de ses actions soit leur Catéchisme; il leur inculquera
„ le germe précieux de l'amour de la patrie, qui se développera
„ en eux avec leurs organes, et par-là ses services lui survivront.

„ Et vous, Etrangers présens à cette auguste cérémonie, vous
„ direz en retournant dans votre Patrie, que vous avez vu la po-
„ pulation des Cayes suffoquée par des larmes et annéantie par

„ la douleur, en rendant le dernier devoir à ce grand homme. ”

Cette cérémonie triste et solennelle étant achevée , le Cortége retourna au Gouvernement , et le mausolée resta à l'Eglise , où il fut arrêté qu'il demeurerait exposé pendant huit jours.

Tels étaient la marche, les monumens et les discours à la mémoire du Chef vertueux que la patrie pleure. Jamais, dans aucune circonstance , le regret ne s'est exprimé d'une manière qui peint mieux cette précieuse sensibilité que la nature a départie aux haytiens avec une âme énergique.

Fait et rédigé le présent Proces-Verbal , aux Cayes, le 3 Avril 1813 , an 15 de l'Indépendance d'Hayti.

Le Général , Commandant l'Arrondissement ,

MARION.

Aux Cayes, de l'Imprimerie du Gouvernement.

www.ingramcontent.com/pod-product-compliance
Lightning Source LLC
LaVergne TN
LVHW010805180726
843502LV00011B/4357